AF498287

ARREST
DE LA COVR
DES MONNOYES,

PORTANT ESTABLISSEMENT
des Bureaux neceſſaires pour receuoir les Eſpeces fabriquées en la
Monnoye de Bourges, décriées par
l'Arreſt du 23. Auril dernier : Et le
prix qui en doit eſtre rendu.

Du 20. May 1654.

A PARIS,
Chez Sebastien Cramoisy,
Imprimeur ordinaire du Roy & de
la Reyne, & de la Cour des
Monnoyes.

M. DC. LIV.
Auec Priuilege du Roy.

EXTRAICT DES REGISTRES
de la Cour des Monnoyes.

SVR ce que l'Aduocat General du Roy a remonstré à la Cour, que par son Arreſt du vingt-troiſiéme Auril dernier, publié le neufiéme du preſent mois, portant décry des eſpeces fa-

briquées en la Mon-
noye de Bourges és an-
nées mil six cens qua-
rante-huict , quarante-
neuf , cinquante , cin-
quante-vn , & mil six
cens cinquante-deux ,
sous les lettres Y , & R,
il est ordonné que les
biens de Thomas Mos-
nier , ses complices &
cautions seroient ven-
dus, pour subuenir aux
frais des fontes & affi-
nages desdites especes:
ce qui est assez claire-

mēt faire entendre, que ceux qui ſe trouueront chargez deſdites eſpeces ne ſouffriront aucune perte, & qu'il leur ſera rendu eſpece pour eſpece : neantmoins cõme il ſe pourroit rencontrer quelques perſonnes peu intelligentes en ces matieres, qui ne penetreroient pas dans le ſens dudit Arreſt ; & que d'ailleurs l'execution dudit Arreſt a eſté retardée par

quelques obſtacles qui
ſe ſont preſentez à la
vente & au recouure-
ment des biens & ef-
fects deſdits Thomas
Moſnier , complices ,
cautions , & certifica-
teurs, qui doiuent ſer-
uir de fonds pour ſup-
pléer la manque de fin
des eſpeces, & frais de
fontes & affinages qui
en ſeront faits ; ce qui
a iuſques à preſent em-
peſché l'eſtabliſſement
des Bureaux dans les

Hoſtels des Monnoyes
pour le change deſdites
eſpeces : A quoy ledit
Aduocat General re-
quiert eſtre pourueu.
Lecture faite dudit Ar-
reſt, la matiere miſe en
deliberation. Tout con-
ſideré: LA COVR ayant
égard audit requiſitoi-
re, & y faiſant droict,
a ordonné & ordonne
qu'il ſera inceſſamment
procedé à l'établiſſe-
ment des Bureaux ne-
ceſſaires dans les Hô-

tels des Monnoyes de
cette ville , & de celle
de Bourges , & cy-aprés
ailleurs où befoin fera,
pour receuoir lefdites
efpeces fabriquées en la-
dite Monnoye de Bour-
ges , portant les mille-
fimes des années 1648.
49. 50. 51. & mil fix
cens cinquante-deux ,
fous les lettres Y, &
R, qui feront à l'inftant
cizaillées, & rendre par
ceux qui feront com-
mis aufdits Bureaux, ef-
pece

pece pour espece, pen-
dant vn mois du iour
de la publication du
present Arrest en cet-
te ville, & en celle de
Bourges ; en sorte que
les particuliers qui les
y porteront n'en souf-
frent aucune perte : &
ledit temps passé, en
rendre la valeur, sui-
uant leur bonté inte-
rieure, dont sera fait
tarif. Et dés à present
a commis & commet
à cette fin les Maistres

& Fermiers defdites
Monnoyes de Paris &
Bourges, lefquels feront
tenus de garnir lefdits
Bureaux de fonds fuffi-
fant pour l'execution
du prefent Arreft, aux
charges d'autre Arreft
de ce iour. Et fera le
prefent Arreft leu, pu-
blié à fon de trompe &
cry public, & affiché
efdites villes de Paris
& Bourges, aux lieux
accouftumez, & par
tout ailleurs où il fera

cy - aprés iugé neceſ-
ſaire. Fait en la Cour
des Monnoyes le vingt-
iéme May mil ſix cens
cinquante-quatre.

Signé, BOVLLE'.

L'AN *mil ſix cens cin-quante-quatre, le Sa-medy vingt - troiſiéme iour de May , l'Arreſt de la Cour des Monnoyes cy-deſ-ſus a eſté leu & publié à ſon de Trompe , & cry pu-blic aux Carrefours & au-*

tres lieux, tant ordinaires qu'extraordinaires de cette ville & fauxbourgs de Paris, en la presence de Maître Adrian Baſſuel premier Huiſſier, Michel Rebours, & Claude Blondel auſſi Huiſſiers en la Cour des Monnoyes, souſſignez, par Charles Canto Iuré Crieur en ladite Ville Preuoſté & Vicomté de Paris, accompagné de trois Trompettes, Iean du Bos, Iacques le Frain, & Eſtienne Chappes dit la Chapelle,

Iurez Trompettes de sa Maiesté esdits lieux : Comme aussi a esté ledit Arrest affiché en tous les lieux accoustumez de ladite ville & fauxbourgs de Paris, à ce qu'aucun n'en pretende cause d'ignorance.

Signé, CANTO, BASSVEL, REBOVRS, & BLONDEL.

Collationné à l'Original par moy Conseiller Secretaire du Roy , Maison & Couronne de France, & de ses Finances, Greffier en chef de la Cour des Monnoyes.